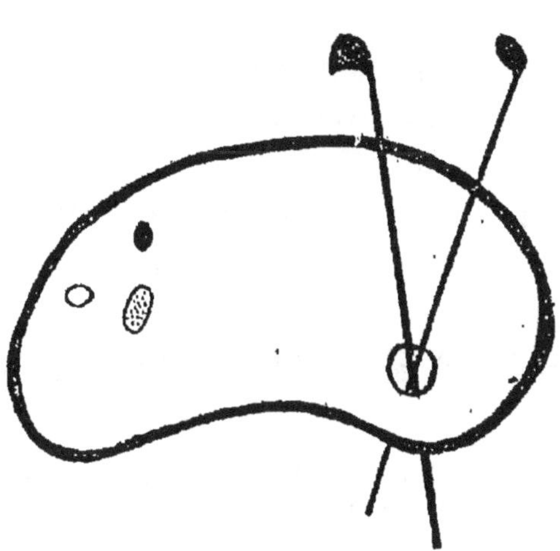

DEBUT D'UNE SERIE DE DOCUMENTS
EN COULEUR

CATALOGUE

DES OBJETS

CONTENUS

DANS LE CABINET D'ANTIQUITÉS

DE FEU

M. le Chevalier DE PALIN

Ex-Ministre de S. M. le Roi de Suède près la Porte Ottomane

DONT LA VENTE AURA LIEU

HOTEL DES VENTES MOBILIÈRES

RUE DROUOT, 5

SALLE N° 4

Les Lundi 18 et Mardi 19 Avril 1859

Par le ministère de M° **DELBERGUE-CORMONT**, C°-Priseur,
rue de Provence, 8,

Assisté de M. **ROLLIN**, Expert, rue Vivienne, 12.

EXPOSITION PUBLIQUE

Le Dimanche 17 Avril 1859, de une heure à quatre heures.

LE CATALOGUE SE DISTRIBUE :

Chez M° DELBERGUE-CORMONT, Commissaire-Priseur.
— M. ROLLIN, Expert.

PARIS

RENOU ET MAULDE,

IMPRIMEURS DE LA COMPAGNIE DES COMMISSAIRES-PRISEURS,

RUE DE RIVOLI, 144.

1859

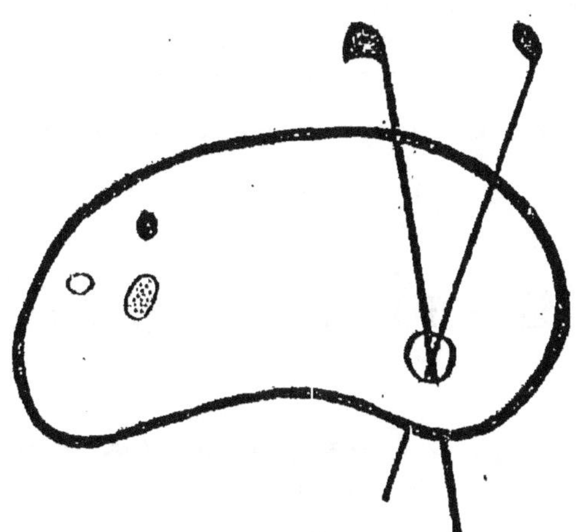

FIN D'UNE SERIE DE DOCUMENTS
EN COULEUR

CATALOGUE

DES OBJETS

CONTENUS

DANS LE CABINET D'ANTIQUITÉS

DE FEU

M. le Chevalier DE PALIN

Ex-Ministre de S. M. le Roi de Suède près la Porte Ottomane

DONT LA VENTE AURA LIEU

HOTEL DES VENTES MOBILIÈRES
RUE DROUOT, 5

SALLE N° 4

Les Lundi 18 et Mardi 19 Avril 1859

Par le ministère de Me **DELBERGUE-CORMONT**, C^{re}-Priseur,
rue de Provence, 8,
Assisté de **M. ROLLIN**, Expert, rue Vivienne, 12.

EXPOSITION PUBLIQUE

Le Dimanche 17 Avril 1859, de une heure à quatre heures.

LE CATALOGUE SE DISTRIBUE :

Chez Mr **DELBERGUE-CORMONT**, Commissaire-Priseur.
— **M. ROLLIN**, Expert.

1859

D05417

CONDITIONS DE LA VENTE

Elle sera faite au comptant.

Les acquéreurs paieront en sus des adjudications, 5 pour 100 applicables aux frais.

AVERTISSEMENT

Le propriétaire de ces Collections, connu par sa profonde érudition, auteur de plusieurs ouvrages scientifiques, a été à même d'acquérir un grand nombre de monuments aussi rares qu'intéressants, ayant fait un séjour de dix-huit années à Constantinople, et plusieurs voyages en Égypte, en Asie mineure, en Grèce et dans l'Archipel.

Le R. P. Ungarelli, connu par sa science dans l'explication des caractères hiéroglyphiques, s'est occupé de la description des monuments égyptiens de cette Collection.

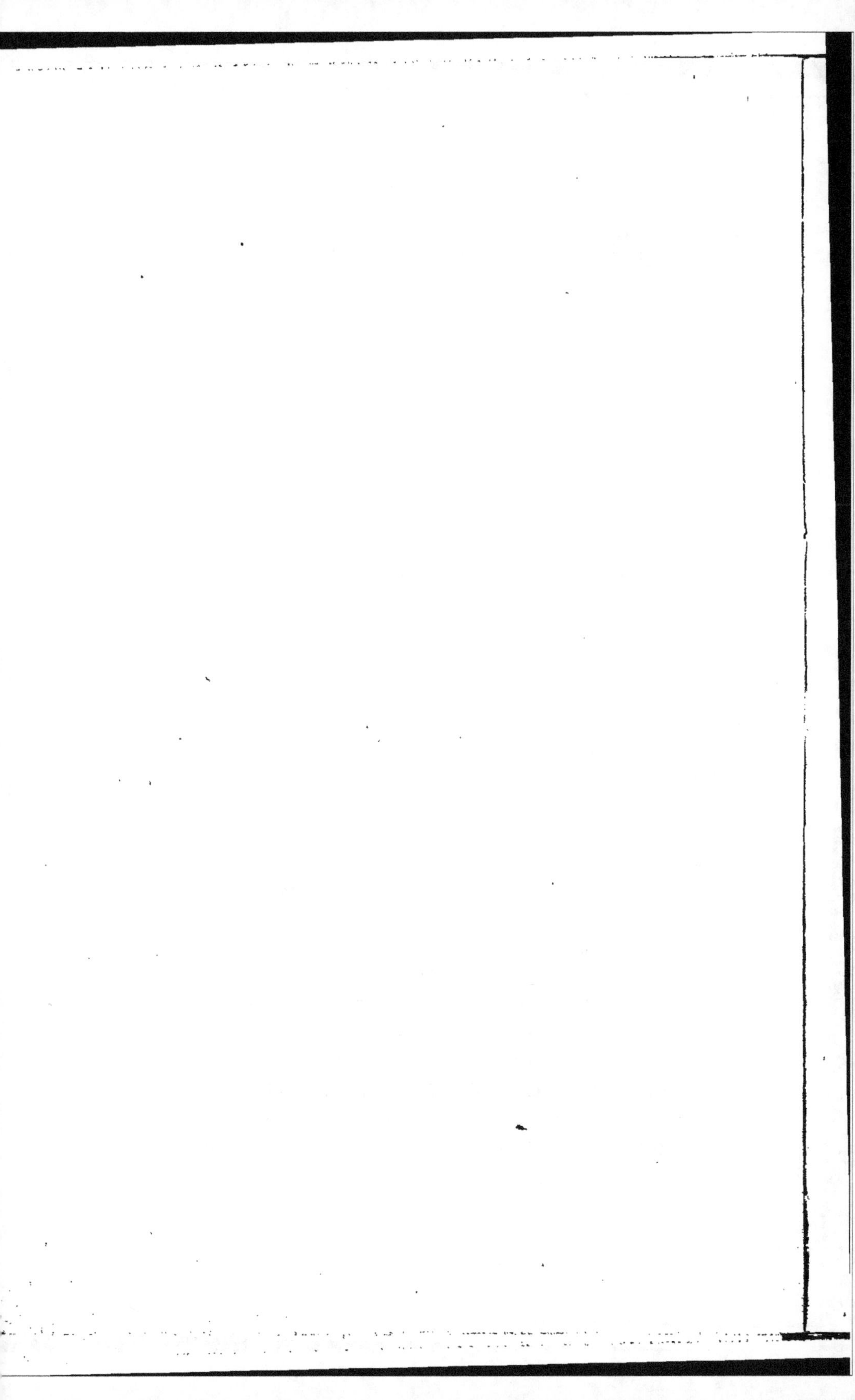

MONUMENTS ÉGYPTIENS

N° 1

OBJETS HISTORIQUES

PIERRES.

	MATIÈRE.
1 Fragment d'une statue d'AMON-ONCH-TU, roi d'une contrée incertaine. Le prénom est sculpté sur la poitrine : SOLEIL, SEIGNEUR DES MONDES; le nom propre sur le bras droit.	CALCAIRE.
2 Statue agenouillée de PSAMMETICO II, roi de la XXVIe dynastie, avec une inscription hiéroglyphique devant, et une autre sur le pilastre postérieur. La partie supérieure manque; le reste bien conservé.	GRANIT.
3 Sacerdote Néophore d'AMENOF III, avec insc. hiérog. sur la partie antérieure du NAOS, sur le pilastre autour du plinthe, et sur chacun des quatre côtés. Il porte sur le NAOS la figure de PHRÉ et celle d'un cynocéphale; hauteur : 1 pied 3 pouces de Paris. Bien conservé.	IDEM.
4 Scarabée historique d'AMENOF III et de la reine TAIA, portant une inscription relative aux chasses au lion exécutées par le roi Amenof III.	PIERRE GRISATRE.
5 Fragment d'un cachet avec le nom de MENPHTAH I.	TERRE ÉMAILLÉE.

6 86 Scarabées historiques.

    18e dynastie.
        Aménophis Ier.
        Aménophis III.
        Horus
        Bakama, reine.
        Wti-Nape, reine.
        Toutmès III.
    19e dynastie.
        Rhamsès II.
    21e dynastie.
        Rhamsès III.
    26e dynastie.
        Psammetik Ier.
        Psammetik II.

N° II

OBJETS DE CULTE

METAUX.

7 Isis allaitant HORUS : hauteur, demi-pied (l'Horus manque).   BRONZE.

8 Deux autres ISIS avec la figure d'HORUS. La tête de la déesse est ornée de cornes de vache et d'un disque. L'une est haute d'un demi-pied, l'autre est plus petite.

9 OSIRIS PETAMENTI assis. Moderne.   BRONZE.

10 Dix-neuf figures d'OSIRIS en pied, de différentes grandeurs, dont l'une de plomb : hauteur de 2 à 6 pouces.   —

11 Deux petites figures symboliques à tête de chat.   —

12 La déesse NET-PE ou Isis ailée.   —

MATIÈRE.

13 Petit ANUBIS.   BRONZE.

14 Petit HORUS.   —

15 Deux UREI avec la couronne de la Basse-Égypte.   —

16 Figure d'une déesse.   —

17 Petite figure inconnue, peut-être de sacerdote.   —

18 Une mitre, ou ornement d'une divinité.   —

19 Base d'un monument votif au dieu TOTH, avec insc. hiérog. à l'entour.   —

20 Un petit PHTAH.   —

PIERRES.

21 Sacerdote Néophore de la déesse Athir, avec insc. hiérog. : hauteur, 1 pied 3 pouces.   GRANIT.

22 Deux petites statues accroupies, avec insc. hiérog.   —

23 *Idem* plus grande, sans insc.   CALCAIRE.

24 OSIRIS PETAMENTI : hauteur, 9 pouces.   BASALTE.

25 Famille divine de Thèbes, AMON père, MUTH, sa femme, et CHORS, leur fils.   DIORITE.

26 Cynocéphale, symbole du dieu TOTH, assis sur un NAOS couvert d'hiéroglyphes, d'un travail parfait et bien conservé.   BASALTE.

27 Stèle, adoration d'un sacerdote à PHRA, 10 pouces 3 lignes.   CALCAIRE.

28 Fragment représentant le serpent ROK, juge des malfaiteurs.   GRÉS.

29 Représentation symbolique d'HORUS, vainqueur de TIPHON; le tiers de la pierre a une insc. hiérog. grossièrement travaillée.   TALC.

30 *Idem*, une plus petite avec insc. hiérog., d'un travail plus exact.   CALCAIRE.

MATIÈRE.

31 *Idem*, deux autres avec insc. hiérog., presque au tiers effacée. — CALCAIRE.

32 *Idem*, sur une base ronde avec insc. hiérog. de tous côtés. — PIERRE DURE.

33 *Idem* avec insc. hiérog. sur le dos. — TALC.

34 Petite stèle peinte en rouge, représentant l'acte d'adoration d'un personnage à PHTAH. — CALCAIRE.

35 Fragments de petites stèles, représentant en relief HORUS revenant victorieux de Typhon. — PIERRE COMMUNE.

36 *Idem*, représentant HORUS sur deux crocodiles, sans insc. — DIORITE.

37 *Idem*, très-petite, avec le même sujet. — —

38 Autel à libations, plus petit. — GRANIT.

39 Fragment d'une statue votive à AMMON-RA. — PIERRE GRISATRE.

40 Dauphin sur une base faite à NAOS; bien travaillée. — —

41 Tête d'un génie des enfers en forme de serpent. — BASALTE.

42 OSIRIS PETAMENTI assis. — CALCAIRE JAUNATRE.

43 Petite tête de la déesse ATHIR. — GRANIT.

44 Petite figure d'HORUS assis gracieusement. — PIERRE NOIRE.

BOIS.

45 Petite figure virile assise, à tête d'animal sacré.

46 Isis assise.

47 *Idem*, très-petite, debout. — —

48 *Idem*, allaitant HORUS. — —

49 URÉO, avec le disque en tête. — —

50 Figure dorée de la déesse NEBTIS, de très-petite dimension. — —

MATIÈRE.

TERRES CUITES.

51	Cynocéphale.	TERRE VERNIE.
52	Plinthe avec insc. hiérog. à l'entour.	—
53	ISIS allaitant HORUS ; la figure d'Horus est brisée.	—
54	La déesse PASCHT assise.	—
55	Petite figure de la déesse PASCHT ; d'un beau travail.	—
56	La déesse OPHTI (la partie infér. manque).	—

N° III

OBJETS FUNÈBRES

PIERRES.

57	Stèle cintrée, représentant l'acte d'adoration à PHRÉ, avec une ligne et demie d'insc. hiér.	CALCAIRE.
58	*Idem*, représentant une offrande faite par des parents à un défunt ; bas-relief coloré, avec deux lignes d'insc. hiérog.	—
59	*Idem*, à forme de NAOS, avec huit lignes d'insc. hiérog.	—
60	*Idem*, cintrée, avec trois scènes, l'une au-dessous de l'autre, représentant des oblations faites à un défunt.	GRÈS.
61	*Idem*, adoration d'un défunt à la déesse THMÉ, avec une courte insc. hiérog.	—
62	*Idem*, fragmentée ; trois personnages en adoration ; on lit le nom en hiéroglyphes de la ville de Memphis.	CALCAIRE.
63	Stèle peinte en noir, représentant un personnage assis qui reçoit des oblations.	—

MATIÈRE.

		MATIÈRE.
64	*Idem*, avec le nom de Penabub.	CALCAIRE.
65	*Idem*, fragmentée, avec six colonnes d'hiéroglyphes.	—
66	*Idem*, avec huit lignes d'insc. hiérog.	—
67	Deux vases funèbres, avec couvercles et insc. hiér.	ALBATRE.
68	Deux vases funèbres, un avec couvercle et insc. hiér.	—
69	Deux vases funèbres, avec couvercles, sans insc.	PIERRE BLANCHE.
70	Deux vases funèbres, avec couvercles.	—
71	Fragment de vases funèbres, avec inscr. hiérog.	ALBATRE.
72	Fragment d'une petite statue de femme, avec insc. funèbre sur le pilastre.	PIERRE JAUNATRE.
73	Monument sépulcral carré, avec insc. hiér. funèbre, long. d'un pied et demi, larg. d'un pied.	CALCAIRE.
74	Base avec insc. hiérog. en trois lignes, et un ornement d'emblèmes autour du plinthe.	GRANIT.
75	Cylindre funèbre avec deux colonnes d'insc. hiérog.	PIERRE BLANCHE.
76	Petit objet de forme singulière, cintré, avec insc. hiérog.	PIERRE DURE.
77	Dix images funèbres; la plus grande, en albâtre, haute de onze pouces; les autres en basalte; la plus grande de huit pouces; la plus petite de trois pouces; cinq autres fragmentées.	BASALTE.
78	Deux pectoraux avec scarabées, où est représentée la BARI (bateau sacré), avec deux Génies des enfers.	PIERRE NOIRE.
79	Dix-sept grands scarabées, dont onze avec inscr. hiérog.	PIERRE DURE.
80	Huit cent cinquante scarabées et amulettes dites de colliers.	PIERRE DURE. TERRE CUITE ET PORCELAINE.

BOIS.

81 Stèle cintrée peinte, représentant un défunt en prière
devant PHRÉ et la déesse THMÉ, et quatre Génies des
enfers; six lignes d'insc. hiérog., contenant la prière
usitée pour les défunts. La parfaite conservation des
couleurs est remarquable.   SICOMORE.

82 *Idem*. Adoration faite au dieu PHRÉ et au dieu ATHMU;
cinq lignes d'insc. hiér.   —

83 *Idem*. Adoration faite par un défunt à OSIRIS et à ISIS,
avec quatre Génies; six lignes d'insc. hiérog.   —

84 *Idem*. Adoration faite à PHRÉ et à OSIRIS, seigneur
d'ABIDOS; quatre lignes d'insc. hiérog.   —

85 Caisse en forme de NAOS, peinte d'emblèmes sur les
quatre côtés, et destinée à contenir des papiers sépul-
craux. Sur le couvercle est l'épervier à figure humaine,
dit BAI, symbole de l'âme (hauteur, un pied cinq
pouces).   —

86 Coffre avec couvercle peint à l'entour, avec inscr. hiérog., encore rempli de petites images funèbres.   —

87 Cassette peinte à l'entour et sur le couvercle, avec
inscr. hiérog.   —

88 Un côté d'une caisse peinte, avec six divinités infer-
nales.   —

89 Partie d'une stèle, avec figure gravée, et des caractères
hiérog. peints en noir.   ACACIA.

90 Couvercle d'une petite caisse funèbre, avec une colonne
d'hiérog.   SICOMORE.

91 Masque pris d'une caisse de momie.   —

92 Main fermée, dorée, prise d'une caisse de momie.   —

93 Pectoral. D'un côté est un CHACAL reposant sur un
NAOS; de l'autre se trouve entre deux emblèmes le
nom du défunt.   ACACIA.

MATIÈRE.

94 Fragment d'une caisse de momie, avec une colonne
d'insc. hiérog.   SICOMORE.

95 Étui d'un papyrus, représentant le dieu **PHRÉ**.   —

96 Figure ou **PROTOME** du taureau sacré, avec les deux
jambes de devant (les cornes manquent).   —

97 Quatorze images funèbres peintes, dont deux sont hautes
d'un pied, les autres plus petites ; neuf avec inscr.
hiérog. ; cinq sans insc.   —

98 Deux **OSIRIS PETAMENTI**.   —

99 Huit petites caisses dorées de papyrus, avec l'image
d'**OSIRIS PETAMENTI** assis.   —

100 Petit obélisque doré, dans lequel est une substance
animale embaumée.   —

101 Image funèbre sans l'étui, mais avec la tunique à l'u-
sage égyptien, sur laquelle est une courte insc. hiérog.

102 Fragment d'un collier de momie fait au tour.

TERRES CUITES.

103 Cent images funèbres de différentes grandeurs, avec
insc. hiérog. (cinq fragmentées).   TERRE ÉMAILLÉE.

SUBSTANCES ANIMALES ET VEGETALES.

104 Un petit chien embaumé.

105 Un petit chat, *id.*

106 Deux poissons, probablement deux latus, embaumés.

107 Trois animaux embaumés.

108 Une paire de sandales à l'usage de momies, et quatre
autres dépareillées.

109 Cheveux de momies.

110 Fragments de toile sur lesquels sont des caractères hié-
ratiques.

111 Un papyrus déroulé.

Ce manuscrit, tracé en belle écriture hiératique, très-lisible, quoique très-fine, est remarquable par la beauté de ses vignettes coloriées. Il a été écrit pour la sépulture d'une dame, nommée Ta-ret-en-bast, fille de Chons-ari-tis. Elle portait le titre de *aki-t*, ou assistante d'Ammon-ra, d'où il suit que l'origine de ce papyrus doit être reportée à Thèbes.

Le commencement du papyrus a été légèrement endommagé, le reste est intact ; on y trouve une partie considérable des chapitres du Rituel funéraire, rangés dans l'ordre suivant :

Partie des chapitres 1, 2, 3.

Les chapitres 4, 5, 6, 7, 8, 9, 10, 11, 12, 13, 14, 15, la vignette nº 16, les chapitres 18, 19, 20, 21, 22, 65, 68, 71, 74, 75, 76, 100, 100 (variante), 30, 132, 125, 155, 156, 157, 158, 159, 160, 163, 164, 165, 162.

Il est à remarquer que le chapitre 162, qui termine l'ancienne partie du Rituel funéraire, a été ici reporté à la fin du livre, après les chapitres 163, 164, 165, qui sont des emprunts faits à un autre livre égyptien.

Parmi les vignettes, on remarquera la belle scène du Jugement de l'âme, avec la série des juges, ornés de leurs têtes symboliques.

Les figures de Pacht panthée, d'Ammon au corps de scarabée et de la vache dorée, qui ornent les derniers chapitres, sont rarement aussi bien conservées que dans ce manuscrit.

112 Sept petits papyrus.

113 Fragments de sept divers autres.

114 Pain trouvé dans une momie.

115 Débris de quelques habits de momies.

116 Une paire de sandales.

117 Un soulier d'enfant tissé en papyrus.

118 Bec d'oiseau qui sert d'étui à un petit animal embaumé.

METAUX.

119 Statue d'ISIS, ayant sur la tête le vautour, symbole de
la Maternité, et le MODIUS orné de sept URÉE ; elle est
vêtue à la grecque, avec la tunique et le PEPLO : hauteur, un pied quatre pouces ; les bras manquent, mais
le travail est parfait (égypto-grec).   BRONZE.

120 Figure en pied, de belle forme : hauteur, un demi-
pied.   —

121 Personnage de la caste sacerdotale, assis, occupé à lire
un papyrus.   —

122 Figure d'HORUS assis. On voit une insc. hiérog. sur la
partie antérieure du PLINTHE, peu lisible.   —

123 Figure avec les attributs du dieu SOKARI.   —

124 Figure avec la mitre de la basse Égypte.
Figure sans mitre avec le seul Uræus.   —

125 Encensoir d'une forme singulière, trouvé dans les ruines
de Thèbes.   —

126 Un Typhon, haut de cinq pouces trois quarts.   —

127 Trois figures de rois.   —

128 Figure virile inconnue.   —

129 Figure de femme.   —

130 Un bracelet.   —

131 Carré, avec des caractères hiérog.   ...

132 Deux patères trouvées en Nubie, extrêmement bien
conservées et travaillées avec art.   —

133 Miroir de métal.   —

134 Deux petites SETULES qui se terminent en tige de lo-
tus, l'une avec figures en bas-relief, l'autre avec figures
en creux.   —

135 Deux poissons, nommés LATUS.   —

136 Trois petits taureaux.   —

MATIÈRE.

137 Trois petits chiens.		BRONZE.
138 Un petit chat.		—
139 Un hippopotame.		—
140 Une grenouille.		—
141 Un lézard sur une base.		—
142 Un ibis.		—
143 Un épervier.		—
144 Trois cent sept petits objets, la plupart amulettes.		—
145 Trente-trois bagues et anneaux.		—

PIERRES.

146 Petite figure assise, lisant un rouleau de papyrus (travail parfait). BASALTE.

147 Cinq amulettes, avec figures humaines. —

148 Fragment d'une table, avec le symbole des BIENS et de l'EAU (peut-être signifiant les biens purs?) DIORITE.

149 Treize carrés en pierre calcaire et de grès, représentant :
Le symbole de l'Orient ;
Le symbole des bases générales ;
Un animal aquatique ;
Une tête d'oie ;
Le disque solaire ;
Un groupe phonitique, exprimant le verbe aimer ;
La pioche ;
Un groupe symbolique ;
Groupe hiéroglyphique, exprimant le nom TRÉSOR.
Un NAOS ;
Symbole du dieu BENNO ;
Une cigogne en creux, qui peut avoir servi de forme pour la plastique ;
Forme pour rendre en plastique les petites images funèbres.

MATIÈRE.

150 Vingt-six petits vases de différentes grandeurs, destinés aux baumes, aux couleurs et autres objets. — ALBATRE ET PIERRE DURE.

151 Un grand vase en forme de lampe, creusé avec grand art, ayant les anses horizontales et percées : diamètre, dix pouces. — SERPENTINE.

152 Trois cuillers de différentes formes. — PIERRE NOIRE.

153 Deux couteaux à l'usage des PARASCHISTES. — PIERRE D'ÉTHIOPIE

154 Une petite tête de Nubien (parfaitement travaillée). — DIORITE.

155 *Idem*, d'une femme. — PIERRE DE GRÉS.

156 Buste fragmenté. — CALCAIRE.

157 Un petit chat. — PIERRE JAUNATRE.

158 Un petit sphinx. — PIERRE NOIRE.

159 Une tortue. — PIERRE DE GRÉS

160 Fragment d'une petite stèle typhonique, sur laquelle il n'est resté que deux crocodiles. — TALC.

161 Grand plat : diamètre d'un pied deux pouces. — GRANIT.

162 Grenouille qui a servi de crochet à quelque ustensile. — PIERRE GRISE.

163 Vingt-huit pièces fragmentées, de différents genres et de différentes matières.

164 Petit vase en forme de cœur. — PIERRE BRUNE.

165 Trois pierres avec des inscriptions hiéroglyphiques.

166 Une amulette en purpurine d'un beau travail : la déesse Pacht.

BOIS.

167 Deux petites figures viriles en pied, d'un beau travail. — ACACIA.

168 Un petit chat. — SICOMORE.

169 Un peigne trouvé dans une caisse de momie. — BUIS.

170 Un OLS ou oreiller de momie, fragmenté. — ACACIA.

TERRES CUITES.

171 Six cachets.

TERRE CUITE.

172 Cachet avec l'empreinte en hiérog. de la divinité principale de THÈBES.

TERRE VERNISSÉE.

173 Un morceau d'une belle cuiller, avec une main.

—

174 Un singe assis.

—

175 PROTOME qui a servi d'ACROTERIO.

—

176 Quarante amulettes et figures de formes et de caractères différents.

TERRE ÉMAILLÉE.

177 Cinq cent quatre-vingts amulettes de tous genres et autres petits objets.

—

178 Onze amulettes, dont quatre avec insc. hiérog.

—

179 Un épervier, de très-beau travail.

CIRE.

180 Une chouette, *idem*.

—

MONUMENTS ÉTRUSQUES. GRECS ET ROMAINS

181 Une statue : Vénus à la sandale, ou CLOACINE, en bronze, monument de l'art grec d'une grande perfection : hauteur, un pied six lignes.

182 Vingt-sept objets en bronze, étrusques et romains.

183 Dix-sept vases étrusques.

184 Dix-sept lampes en terre cuite.

185 Deux flacons de verre,

186 Verres antiques coloriés.

187 Bas-relief étrusque en ivoire.

188 Cinq cent trente pierres gravées.

189 Quarante camées.

190 Une bague syrienne en or, avec chaton mobile, sur les
quatre faces duquel sont gravés un cheval, un lion,
une Victoire, et une inscription : ΔΙΔΥΜΟΥ.

191 Pierres gnostiques, et talismans de différentes matières.

RENOU et MAULDE, imprimeurs de la Compagnie des Commissaires-Priseurs,
rue de Rivoli, 144.   1207

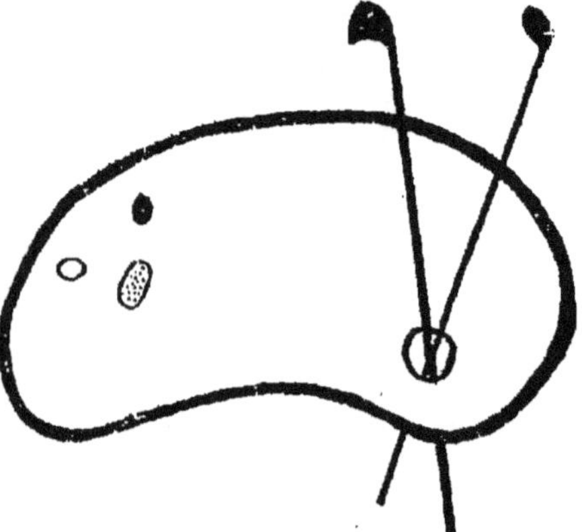